AF592416

COLLECTION

DE

M. le Marquis de THUISY

OBJETS DE VITRINE

DES ÉPOQUES LOUIS XV ET LOUIS XVI

BOITES ET ÉTUIS

CATALOGUE

DES

OBJETS DE VITRINE

DES ÉPOQUES LOUIS XV ET LOUIS XVI

BOITES ORNÉES DE MINIATURES

Par Van Blarenberghe, Hall, etc.

ET DE PEINTURES SUR ÉMAIL

Par Petitot, etc.

BOITES EN ANCIENNE PORCELAINE DE SAXE, DE SÈVRES ET AUTRES

ÉTUIS

Composant la Collection de M. le Marquis de THUISY

ET DONT LA VENTE AURA LIEU

HOTEL DROUOT, SALLE N° 6

Les Jeudi 30 et Vendredi 31 Mai 1901

à deux heures

COMMISSAIRE-PRISEUR

Mᵉ PAUL CHEVALLIER

10, rue Grange-Batelière

EXPERTS

MM. MANNHEIM

7, rue Saint-Georges

EXPOSITIONS

PARTICULIÈRE : *Le Mardi 28 Mai 1901, de 1 h. 1/2 à 5 h. 1/2.*

PUBLIQUE : *Le Mercredi 29 Mai 1901, de 1 h. 1/2 à 5 h. 1/2.*

CONDITIONS DE LA VENTE

Elle sera faite au comptant.

Les acquéreurs payeront DIX POUR CENT en sus des adjudications.

L'exposition mettant le public à même de se rendre compte de l'état et de la nature des objets, il ne sera admis aucune réclamation une fois l'adjudication prononcée.

ORDRE DES VACATIONS

Le Jeudi 30 Mai 1901

Boites variées . . . . 1 à 85

Le Vendredi 31 Mai 1901

Boites en porcelaine et faïence . . . . 86 à 104
Boites ornées de peintures sur émail et de miniatures . . . . . . 105 à 132
Boites ornées de miniatures par VAN BLARENBERGHE et HALL . . . 133 à 137
Boites ornées de peintures sur émail par PETITOT . . . . 138 à 143
Etuis, objets variés . . . . 144 à 158

Paris. — Imp. de l'Art, E. MOREAU et Cie, 41, rue de la Victoire.

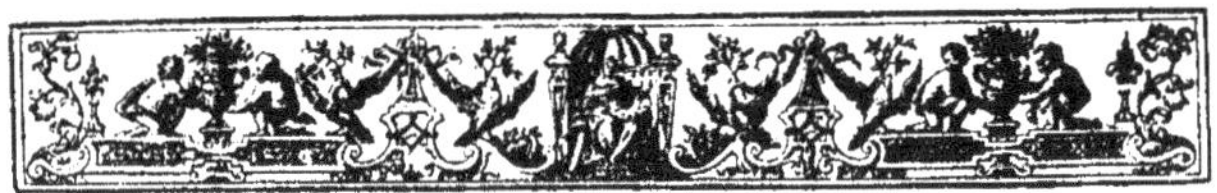

Désignation des Objets

BOITES

1 — Boite ovale en argent, ornée de fleurs en relief. Travail du Tonking.

Grand diamètre, 100 millim.
Petit diamètre, 75 millim.

2 — Petite boite plate et oblongue, à pans coupés, en lapis lazuli de Perse monté en or à charnière.

Long., 52 millim.; larg., 36 millim.

3 — Boite ronde, en jaspe vert-sanguin, montée en or; sur le couvercle, mosaïque romaine : le Temps et les Parques.

Diam., 88 millim.

4 — Boite rectangulaire, en écaille brune, montée à charnière et doublée en or, avec mosaïque romaine sur le couvercle, à sujet de paysage.

Long., 82 millim.; larg., 62 millim.

5 — Boite ronde, à pourtour et intérieur formés de plaques d'olivier pétrifié montées en or à charnière ; le couvercle et le dessous sont ornés chacun d'une ancienne mosaïque florentine, à décor de vases et coupes de style antique.

Diam., 77 millim.

6 — Petite boite ovale en argent émaillé; sur le couvercle : paysage animé : au pourtour, des fleurs. Commencement du XVIIe siècle.

Grand diamètre, 41 millim.
Petit diamètre, 30 millim.

7 — Boite octogone en argent ajouré : couvercle décoré de rinceaux en émail translucide. Travail d'Augsbourg, XVIIe siècle.

Long., 74 millim.; larg., 60 millim.

8 — Boite ronde, à pourtour d'or uni; fond et dessus de nacre : la plaque du dessus présente un bas-relief de la fin du XVIIe siècle en applications d'or ajouré, ciselé et partiellement émaillé à sujet d'après Bérain.

Diam., 75 millim.

9 — Boite plate ovale, à pourtour d'argent doré et dessous et couvercle d'écaille brune : la plaque du couvercle présente un bas-relief de la fin du XVIIe siècle, en applications d'argent ajouré, ciselé et partiellement doré, à sujet d'après Bérain.

Grand diamètre, 85 millim.
Petit diamètre, 70 millim.

10 — Boite rectangulaire, formée de plaques de nacre sculptée montées à cage en or ciselé ; sur le couvercle : Vénus et Adonis; sur le pourtour : sujet galant, quatre fois répété; sur le dessous : les armes de France gravées. Époque Louis XIV.

Long., 71 millim.; larg., 51 millim.

11 — Boite en argent doré, en forme de chien couché; le couvercle, du XVIIe siècle, est ciselé en léger relief et présente une paysanne marchant à côté d'un âne chargé de fruits.

Long., 78 millim.; larg., 53 millim.

2 2
Wirth

4 0

3 10

410

460
Kriege

COLLECTION DE M. LE MARQUIS DE THUISY

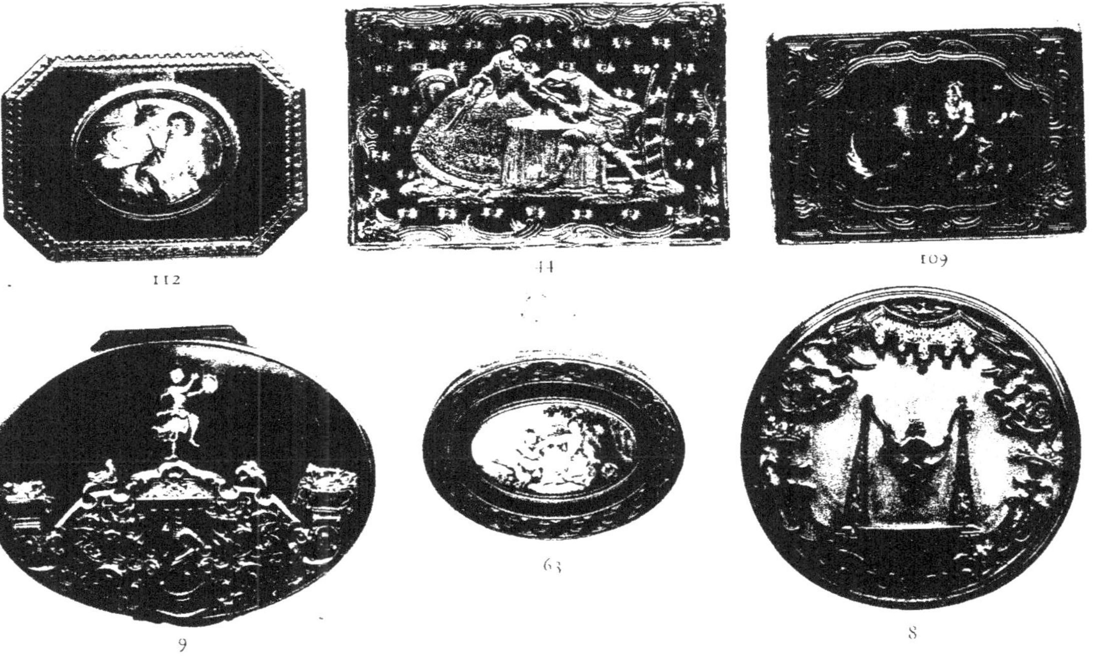

112 44 109

9 63 8

Phototypie Berthaud, Paris

12 — Boite ronde en argent doré et niellé : couvercle à l'effigie de Pierre-le-Grand. xviie siècle.

Diam., 86 millim.

13 — Drageoir en écaille blonde posée or : sur le couvercle : le Sacrifice d'Abraham. Fin du xviie siècle.

Long., 70 millim.; larg., 55 millim.

14 — Drageoir en argent ciselé et doré ; sur le couvercle à charnière : chasseur et chien ; sur le dessous : quadrillés. Époque Régence.

Long., 73 millim.; larg., 58 millim.

15 — Drageoir, de forme contournée, en écaille blonde incrustée, sur le couvercle, de nacre gravée et d'or : le Char de Vénus. Époque Régence.

Long., 78 millim.; larg., 53 millim.

16 — Boite rectangulaire formée de plaques d'écaille brune piquée et posée or avec applications de nacre, du temps de la Régence, à décor de ruines, personnages et quadrillés ; monture à cage et à charnière en or de couleur ciselé d'époque postérieure.

Long., 96 millim.; larg., 63 millim.

17 — Boite ronde en cuivre doré : couvercle émaillé à décor d'amours dorés réservés sur un fond blanc orné de quadrillés et de guirlandes. Époque Régence.

Diam., 45 millim.

18 — Drageoir, de forme contournée, en cuivre émaillé : allégorie de l'Amour en dorure sur fond rose ; monture à charnière en argent gravé. Époque Régence.

Long., 67 millim.

19 — Drageoir, de forme contournée, en cuivre émaillé : personnages, quadrillés, dais et rinceaux. Époque Régence.

Long., 72 millim.

20 — Drageoir, de forme contournée, en cuivre émaillé : trophées, bustes, personnages en dorure et couleurs sur fond bleu. xviiie siècle.

Long., 80 millim.

21 — Boite ovale, de forme surbaissée, en cuivre émaillé : chasseur et chasseresse, rinceaux et fleurs en dorure et couleurs sur fond blanc. Époque Régence.

Long., 80 millim.

22 — Boite ovale en cuivre émaillé : personnages chinois sur fond bleu. xviiie siècle.

Grand diamètre, 9 cent.

23 — Boite plate et ronde en marqueterie de paille : la Lutte des Anges et des Démons. xviiie siècle.

Diam., 80 millim.

24 — Boite ronde, en filigrane d'argent, enrichie de grenats. xviiie siècle.

Diam., 60 millim.

25 — Boite a mouches oblongue en cuivre émaillé, à sujets macabres et scènes galantes; légendes allemandes au revers du couvercle. xviiie siècle.

Long., 7 cent.

26 — Boite ronde en cuivre émaillé, couvercle à six pans : petites réserves sur fond quadrillé bleu. xviiie siècle.

Diam., 63 millim.

27 — Boite, de forme contournée, en cuivre émaillé : sujets, en camaïeu bleu, allégoriques à l'amour. xviiie siècle.

Long., 70 millim.

28 — Boite plate ovale en cuivre décoré au vernis, à sujets allégoriques sur le couvercle et le dessous. xviiie siècle.

Grand diamètre, 128 millim.
Petit diamètre, 81 millim.

29 — Boite ronde en écaille brune galonnée d'argent doré : le couvercle décoré au vernis Martin présente une scène d'intérieur, d'après Teniers. xviiie siècle.

Diam., 82 millim.

30 — Boite rectangulaire ornée d'applications d'argent doré sur fond de verre : habitations, cascades, terrasses et fleurs. xviiie siècle.

Long., 70 millim.; larg., 53 millim.

31 — Boite ronde en écaille blonde galonnée de cuivre et posée or : paysages animés avec ruines. xviiie siècle.

Diam., 77 millim.

32 — Boite ronde galonnée d'argent doré et décorée au vernis Martin : sur le couvercle, scène familiale; au pourtour et sur le dessous, ustensiles et meubles divers. xviiie siècle.

Diam., 84 millim.

33 — Boite ronde à godrons en argent doré : couvercle formé d'une plaque émaillée à sujet chinois en camaïeu rose avec entourage de fleurs. xviiie siècle.

Diam., 58 millim.

34 — Boite ronde décorée au vernis Martin : oiseaux sur fond vieil or. xviiie siècle.

Diam., 62 millim.

35 — Boite ronde décorée au vernis Martin : fleurs sur fond vieil or. xviiie siècle.

Diam., 63 millim.

36 — Boite ronde, en émail de Battersea, décorée sur fond blanc de scènes et attributs franc-maçonniques. xviiie siècle.

Diam., 80 millim.

37 — Boite ronde décorée au vernis Martin : scènes de comédie sur le couvercle et sous la boite. xviiie siècle.

Diam., 77 millim.

38 — Boite, de forme contournée, en cuivre émaillé : réserves contenant des amours; fond piqueté bleu; monture d'argent doré. xviiie siècle.

Long., 7 cent.

39 — Boite, de forme contournée, en émail de Saxe : personnages en camaïeu rose. xviiie siècle.

Long., 8 cent.

40 — Boite longue en cuivre émaillé à décor de scènes galantes; au revers du couvercle, sujet mythologique en camaïeu rose. xviiie siècle.

Long., 12 cent.

41 — Boite oblongue, de forme haute, décorée au vernis Martin et montée en or, à charnière; elle présente des sujets de chasse et des paysages. Milieu du xviiie siècle.

Long., 84 millim.; larg., 38 millim.

42 — Tabatière à deux tabacs, de forme oblongue, à pans coupés, composée de plaques de nacre burgautée, montées à cage et à charnière en or ciselé ; elle est décorée, sur toutes ses faces, de paysages chinois avec pagodes, cours d'eau, etc., en applications de nacre et d'or. Intérieur doublé d'or. Milieu du xviiie siècle.

Long., 71 millim.; larg., 52 millim.

(Collection du baron d'Irry.)

43 — Drageoir, en prime d'améthyste taillée à cuvette et simulant une coquille ; monture à charnière en or. Milieu du xviiie siècle.

Long., 58 millim.; larg., 54 millim.

44 — Boite rectangulaire, en or de couleur gravé et ciselé, décorée, sur toutes ses faces, de scènes galantes ou de pastorales, sur fond semé d'étoiles et avec encadrements de motifs rocaille. Milieu du xviiie siècle.

Long., 83 millim.; larg., 56 millim.

45 — Boite, de forme contournée en prime d'améthyste taillée à cuvette et montée en or ciselé à charnière ; le couvercle est orné d'une figurine de femme et de motifs rocaille en or ajouré, repoussé et ciselé. Milieu du XVIIIe siècle.

Long., 80 millim.; larg., 64 millim.

46 — Boite rectangulaire en émail de Saxe, à décor de bacchanales et de groupes d'amours sur toutes ses faces et au revers du couvercle ; monture à charnière en or. Milieu du XVIIIe siècle.

Long., 81 millim.; larg., 66 millim.

47 — Boite rectangulaire, en émail de Saxe, ornée, sur toutes ses faces et intérieurement, de personnages sur fond blanc ; monture à charnière en or. Milieu du XVIIIe siècle.

Long., 80 millim.; larg., 60 millim.

48 — Boite rectangulaire, formée de plaques d'ancien émail de Saxe montées à cage et à charnière en argent doré : sujets chinois sur toutes les faces.

Long., 78 millim.; larg., 60 millim.

49 — Boite ovale en argent ciselé et doré : sur le couvercle, sujet militaire; sur le pourtour et le dessous, scènes champêtres. Époque Louis XV.

Grand diamètre, 85 millim.
Petit diamètre, 60 millim.

50 — Drageoir en or ajouré et ciselé et nacre sculptée, à décor de fleurs, coquilles et rinceaux; il est doublé d'or. Époque Louis XV.

Long., 67 millim.; larg., 45 millim.

51 — Boite ronde, galonnée d'or et décorée au vernis Martin : fond vert d'eau; sur le couvercle : l'Enlèvement d'Europe; sur le pourtour et le dessous : attributs de l'amour. Époque Louis XV.

Diam., 80 millim.

52 — Boite ronde, galonnée d'or et décorée au vernis Martin, sur fond or, de groupes d'amours jouant; sur le pourtour, des fleurs et des attributs de l'amour. Époque Louis XV.

Diam., 82 millim.

53 — Boite, de forme contournée, en nacre, montée en or à charnière, doublée d'or et ornée d'applications d'or ajouré et ciselé, à décor de personnages mythologiques, d'arbustes, de rinceaux et de motifs rocaille. Époque Louis XV.

Long., 88 millim.; larg., 68 millim.

54 — Boite rectangulaire, formée de panneaux, en nacre gravée, montés à cage et à charnière en or ciselé : chaque panneau présente des sujets chinois exécutés en applications d'ivoire, de burgau, d'agate et d'or en léger relief. Époque Louis XV.

Long., 79 millim.; larg., 60 millim.

55 — Boite rectangulaire, formée de plaques de nacre montées à cage et à charnière en argent doré, et décorées d'un paysage chinois et de plantes fleuries en applications de burgau et d'or en léger relief. Intérieur doublé d'argent doré. Époque Louis XV.

Long., 76 millim.; larg., 58 millim.

56 — Boite rectangulaire, formée de plaques de cristal de roche taillé à facettes, montées à cage en argent ciselé et doré. Époque Louis XV.

Long., 75 millim.; larg., 58 millim.

57 — Boite ronde en écaille brune guillochée et galonnée d'or, présentant, sur le couvercle, un médaillon rond d'or ciselé, à sujet allégorique. Époque Louis XV.

Diam., 63 millim.

58 — Boite ronde, galonnée d'argent doré et décorée de rayures parallèles vertes et rouges au vernis Martin, avec incrustations d'or et d'argent, à fleurs et insectes. Époque Louis XV.

Diam., 80 millim.

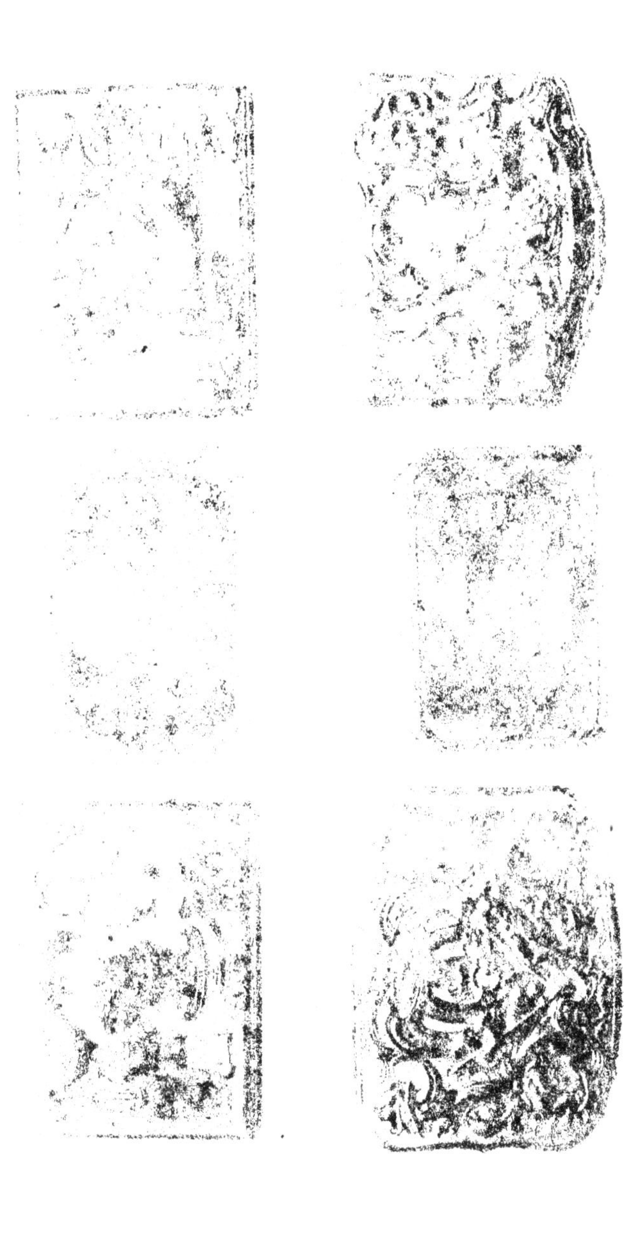

V. Guil
91

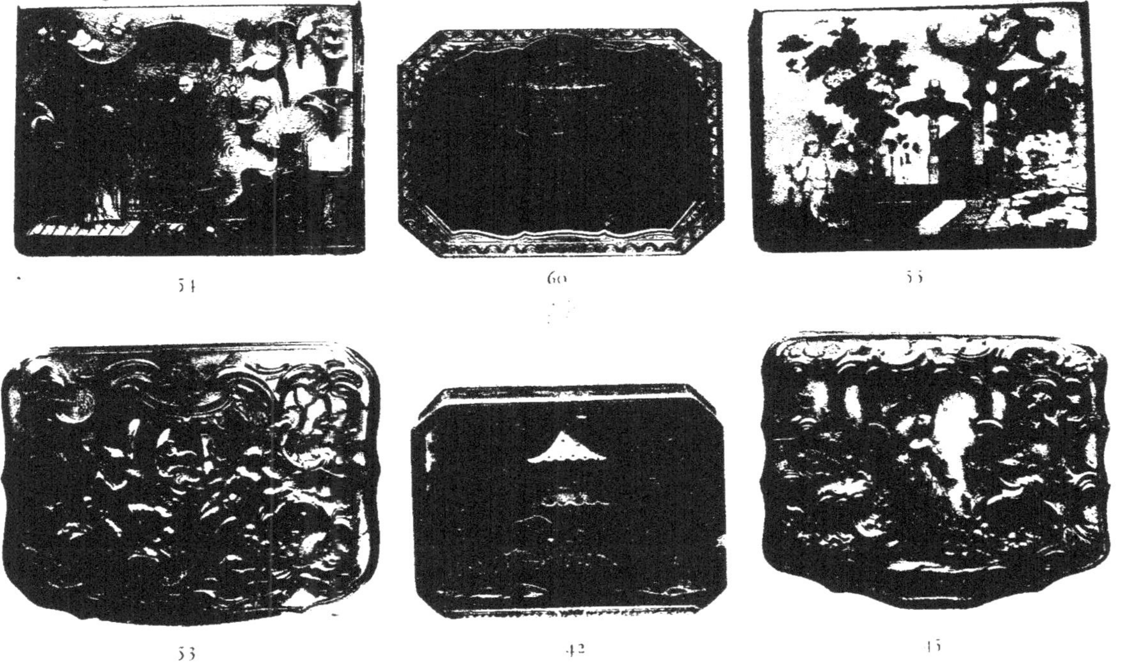

54 — 60 — 55

53 — 42 — 45

Phototypie Berthaud, Paris

59 — BOITE OVALE en prime d'améthyste taillée à cuvette et ornée, sur toutes ses faces, d'incrustations d'or et de burgau, à sujets de style chinois; monture en or à charnière, et bec du couvercle enrichi de diamants et de pierres de couleur; le revers du couvercle est doublé d'or. Époque Louis XV.

Grand diamètre, 90 millim.
Petit diamètre, 64 millim.

60 — BOITE OBLONGUE, à pans coupés, formée de dix panneaux d'écaille brune piquée or et argent, et montés à cage et à charnière en or de couleur ciselé à fleurettes : décor d'attributs des sciences et des arts, de fruits et de sujets de chasse. Intérieur doublé d'or. Poinçons d'Éloi Brichard, sous-fermier des droits de marque, année 1760-61. Époque Louis XV.

Long., 74 millim.; larg., 55 millim.

61 — BOITE OBLONGUE, à pans coupés, en jaspe vert sanguin montée à cage en or ajouré et doublée d'or. Poinçons de J.-J. Prévost, adjudicataire général des droits de marque, année 1763-64. Époque Louis XV. Sur le couvercle, est serti un camée dur du XVIe siècle : Buste de guerrier, de style antique.

Long., 80 millim.; larg., 57 millim.

62 — BOITE OVALE, décorée au vernis Martin, sur toutes ses faces, de paysages animés dans la manière de Teniers; monture à charnière en or ajouré et ciselé. Poinçons de J.-J. Prévost, adjudicataire général des droits de marque, année 1764-65. Époque Louis XV.

Grand diamètre, 95 millim.
Petit diamètre, 69 millim.

63 — BOITE OVALE en or guilloché et émaillé en plein, ornée, sur toutes les faces, de compartiments de fleurs, d'imbrications, de baguettes enrubannées en camaïeu vert; le couvercle présente, au centre, un médaillon en grisaille à sujet galant.

Poinçons de J.-J. Prévost, adjudicataire général des droits de marque, année 1765-66. Fin de l'époque Louis XV.

Grand diamètre, 58 millim.
Petit diamètre, 43 millim.

64 — DRAGEOIR, de forme contournée, décoré d'applications d'or en relief et émaillé en couleurs sur fond d'émail noir; sur le couvercle, sujet oriental; sur le dessous : instruments de musique. Monture à charnière en argent doré. Époque Louis XV.

Long., 76 millim.; larg., 57 millim.

65 — BOITE RONDE, galonnée de cuivre doré et décorée en rouge au vernis Martin; jeux d'enfants sur le couvercle. Époque Louis XV.

Diam., 62 millim.

66 — BOITE A MOUCHES, de forme rectangulaire, en écaille brune, montée à charnière en argent doré, avec compartiments, petit blaireau et miroir à l'intérieur; sur le couvercle, miniature ovale : vue de la place Louis XV, en 1770. Fin du règne de Louis XV.

Long., 58 millim.; larg., 45 millim.

67 — BOITE RONDE en écaille blonde galonnée d'or ciselé et décorée de lamelles rayonnantes en or uni : au centre du couvercle et du dessous, rosace ajourée en or. Fin de l'époque Louis XV.

Diam., 76 millim.

68 — BOITE OVALE en acier, montée à charnière en cuivre doré. Le couvercle et le dessous présentent chacun un médaillon ovale, en bas-relief, en cuivre doré à sujets mythologiques. Intérieur doublé en cuivre doré. Fin de l'époque Louis XV.

Grand diamètre, 77 millim.
Petit diamètre, 60 millim.

69 — BOITE RECTANGULAIRE en écaille brune : sur le couvercle, plaque ornée d'un oiseau en ancienne porcelaine tendre de Sèvres.

Long., 75 millim; larg., 44 millim.

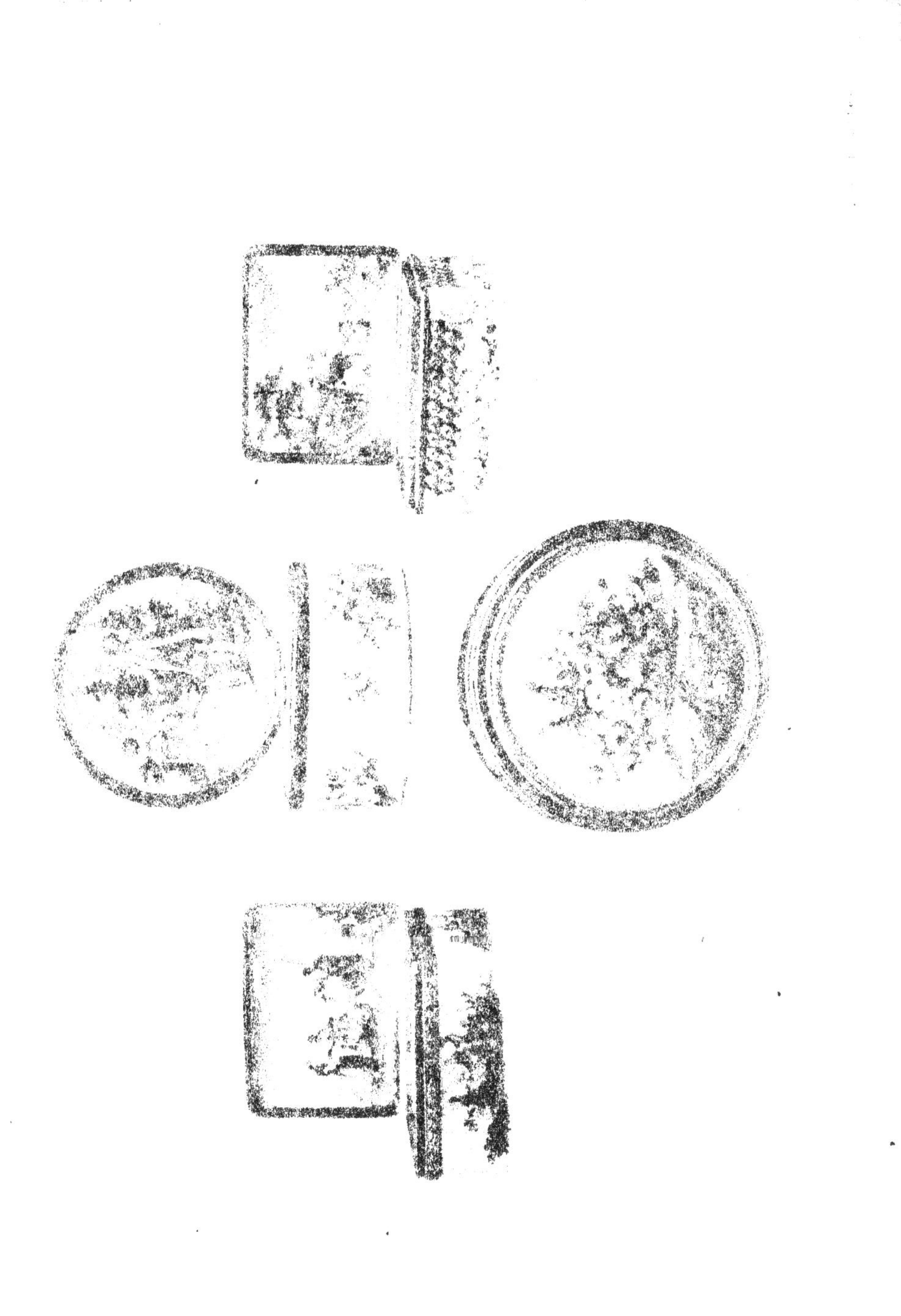

310

[illegible]

108

[illegible]

[illegible]

[illegible]

[illegible] 60

520

[illegible]

73

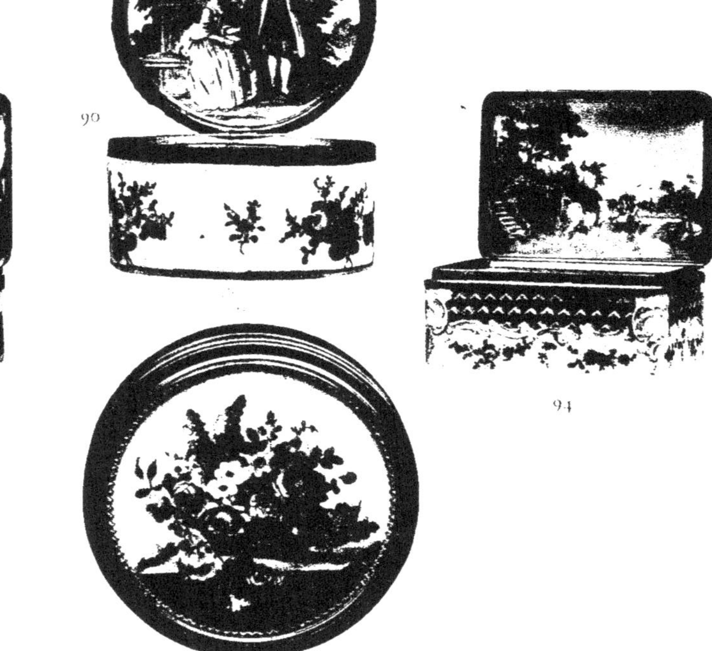

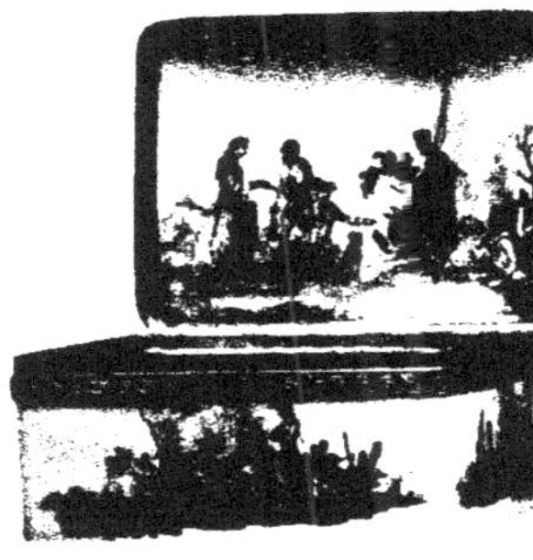

95

90

94

70

Phototypie Berthaud, Paris

70 — Grande boite ronde en écaille brune galonnée d'or : le couvercle est formé d'une plaque d'ancienne porcelaine tendre de Sèvres, à sujet de corbeille de fleurs et dont le revers, à l'état de biscuit, présente en lettres dorées le nom : *Gouffe*.

Diam., 112 millim.

71 — Boite ovale en cristal de roche, montée à charnière en or de couleur ciselé, à guirlandes et petites feuilles. Commencement du règne de Louis XVI.

Grand diamètre, 54 millim.
Petit diamètre, 43 millim.

72 — Boite ronde en écaille brune posée or et argent : emblème de l'Amour et double écusson d'alliance sur le couvercle. Époque Louis XVI.

Diam., 8 cent.

73 — Boite ovale en écaille brune avec incrustations d'or, burgau, etc. : emblèmes franc-maçonniques. Époque Louis XVI.

Grand diamètre, 85 millim.
Petit diamètre, 60 millim.

74 — Boite oblongue, à pans coupés, en mosaïque de lapis et d'agate, montée en or à charnière, à décor de rosaces sur le couvercle et le dessous, et d'arcatures au pourtour avec bordures à filets et fleurettes émaillés blanc ; le couvercle présente en outre, un camée ovale en lapis : buste d'empereur romain. Intérieur doublé d'or. Travail de Neubert, de Dresde. Seconde moitié du XVIIIe siècle.

Long., 83 millim. ; larg., 58 millim.

75 — Boite ovale et de forme haute, en jaspe brun taillé à cuvette, monté en or à charnière et gravé extérieurement à sujet de paysage et vue de jardin ; bec du couvercle enrichi de diamants et pierres de couleur montés argent. Seconde moitié du XVIIIe siècle.

Grand diamètre, 10 cent.
Petit diam., 5 cent.

76 — Boite ronde décorée au vernis genre Martin et montée en or à charnière; elle présente, sur fond simulant l'or, des personnages mythologiques, des enfants et des attributs de l'Amour.

Diam., 66 millim.

(Collection Double.)

77 — Boite ovale en prime d'améthyste taillée à cuvette et montée en or de couleur à charnière; elle est ornée, sur le couvercle et le pourtour, de fruits et de fleurs en applications de matières dures. Travail de *Neubert*, de Dresde. Seconde moitié du xviiie siècle.

Grand diamètre, 86 millim.
Petit diamètre, 60 millim.

78 — Boite ovale en jaspe vert sanguin taillé à cuvette et montée à charnière en or ciselé; elle est décorée, sur toutes les faces, de gerbes de fleurs enrubannées en applications de matières dures. Seconde moitié du xviiie siècle.

Grand diam., 91 millim.
Petit diam., 69 millim.

79 — Boite rectangulaire en jaspe brun monté à charnière et à cage en or de couleur ciselé : incrustations d'or et de burgau à sujets chinois sur toutes les faces. Seconde moitié du xviiie siècle.

Long., 81 millim.; larg., 53 millim.

80 — Très petite boite ronde en or guilloché et émaillé rouge en plein ; bordures réservées en or et enrichies de pierres de couleur et de points d'émail bleu. Elle contient quatre jetons d'or avec traces d'émail. Seconde moitié du xviiie siècle.

Diam., 26 millim.

81 — Boite ovale, de forme haute, en écaille brune posée or et argent, à décor de bandes de fleurettes et de petits disques; monture à charnière en or. Seconde moitié du xviiie siècle.

Grand diamètre, 75 millim.
Petit diamètre, 38 millim.

82 — Boite ronde en écaille brune galonnée d'or; sur le couvercle : « Vue de Vienne, par P. N. Le Roy, ingénieur géog., pensionnaire de Sa Majesté Louis XVI, 1781. » Sur le dessous : plan de Vienne. Au revers du couvercle : carte de l'empire d'Allemagne. Seconde moitié du XVIIIe siècle.

Diam., 84 millim.

83 — Boite ronde décorée au vernis Martin de raies et entrelacs sur fond blanc et galonnée d'argent doré; sur le couvercle, mosaïque romaine : le Colisée. Fin du XVIIIe siècle.

Diam., 77 millim.

84 — Boite ronde en écaille brune doublée d'or; sur le couvercle, camée sur sardoine : tête de personnage antique; encadrement d'or à filet d'émail bleu.

Diam., 80 millim.

85 — Boite rectangulaire en cuivre doré, à décor de ruines en léger relief. Fin du XVIIIe siècle.

Long., 86 millim.; larg., 67 millim.

BOITES EN PORCELAINE
ET EN FAIENCE

86 — Boite ronde : buste en relief, fleurs et insectes; au revers du couvercle : danses de nymphes. Porcelaine d'Allemagne.

Diam., 75 millim.

87 — Drageoir, de forme contournée, en ancienne porcelaine d'Allemagne : Jeux d'enfants et quadrillés; au revers du couvercle : Persée et le dragon, avec la signature *J. B.* Monture à charnière en argent doré.

Long., 75 millim.

88 — Boite rectangulaire décorée en camaïeu rose : navire, emblèmes, personnages, avec légendes en hollandais. Porcelaine du XVIIIe siècle.

Long., 77 millim.; larg., 60 millim.

89 — Boite ovale en ancienne porcelaine de Nymphenburg, décor en relief; sur le couvercle : buste en biscuit de personnage en armure ; fleurs sur le reste de la boite et au revers du couvercle.

Grand diamètre, 93 millim.
Petit diamètre, 65 millim.

90 — Grande boite ronde, montée à charnière, en cuivre doré : fleurs ; revers du couvercle orné d'une scène galante. Saxe.

Diam., 90 millim.

91 — Boite ovale en ancienne porcelaine de Saxe, à sujets galants dans des encadrements rocaille. Revers du couvercle présentant également une scène galante.

Grand diamètre, 80 millim.
Petit diamètre, 62 millim.

92 — Boite oblongue en ancienne porcelaine de Saxe, décorée en camaïeu rose : personnages et paysages ; encadrements gaufrés. Revers du couvercle orné de paysans.

Long., 88 millim.; larg., 68 millim.

93 — Boite oblongue en ancienne porcelaine de Saxe : fleurettes sur fond quadrillé. Au revers du couvercle : vase de fleurs et oiseau.

Long., 82 millim.; larg., 63 millim.

94 — Boite rectangulaire, montée à charnière, en or : fleurs avec encadrements carrelés carmin. Au revers du couvercle : paysage animé. Ancienne porcelaine de Saxe.

Long., 85 millim.; larg., 65 millim.

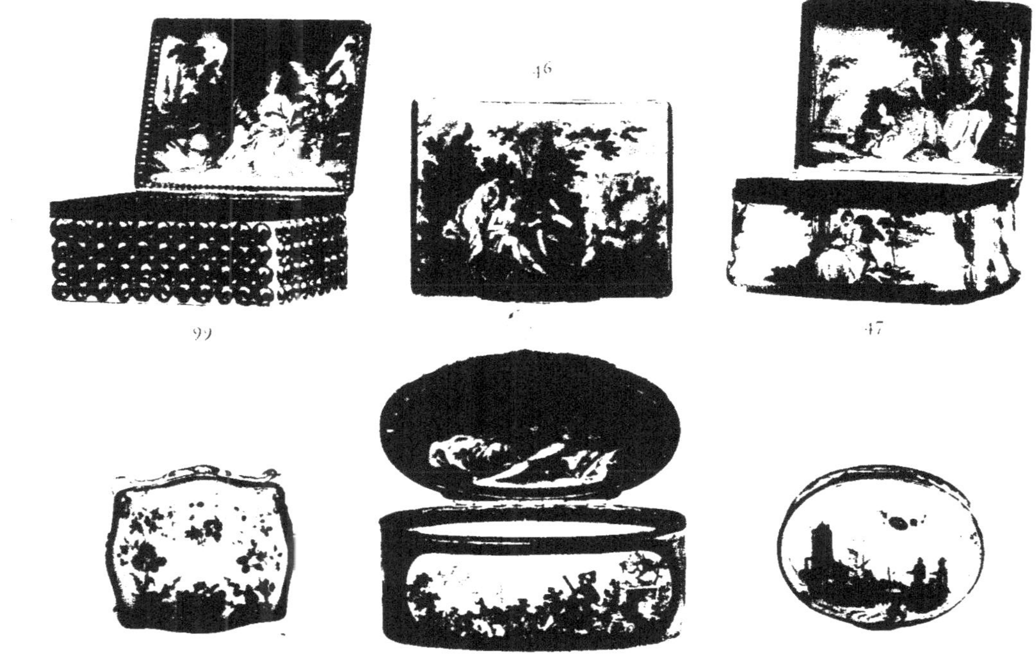

46

99 47

102 101 96

Phototypie Berthaud, Paris

95 — Boite rectangulaire montée à charnière en argent doré : sujets militaires. Ancienne porcelaine de Saxe.

Long., 87 millim.; larg., 65 millim.

96 — Boite ovale, montée à charnière, en or : marines encadrées de motifs rocaille. Ancienne porcelaine de Saxe.

Grand diamètre, 67 millim.
Petit diamètre, 52 millim.

97 — Boite en forme de panier et montée à charnière en or ciselé : décor de fleurs sur fond simulant l'osier. Revers du couvercle à sujet galant. Ancienne porcelaine de Saxe.

Grand diamètre, 55 millim.
Petit diamètre, 42 millim.

98 — Boite ovale, de forme haute, en ancienne porcelaine de Saxe, décorée, sur fond imbriqué bleu, de réserves à paysages animés. Au revers du couvercle : Jeune femme, vue à mi-corps vêtue de blanc. Monture en or à charnière ; bec du couvercle enrichi de roses et de pierres de couleur serties d'argent.

Long., 73 millim ; larg., 50 millim.

99 — Boite oblongue, en ancienne porcelaine de Saxe, montée à charnière en or ; le couvercle et le pourtour sont semés de têtes de clous incrustées en marcassite ; le dessous présente, sur fond strié, un médaillon quadrilobé contenant un amour et le revers du couvercle, une allégorie des Sciences et de l'Abondance.

Long., 8 cent ; larg., 64 millim.

100 — Boite ronde en ancienne porcelaine tendre de Capo di Monte : Sujets pompéiens en grisaille et vue du Vésuve en couleur.

Diam., 8 cent.

101 — Boite ovale en ancienne porcelaine tendre de Vincennes, décorée sur fond bleu, de médaillons à sujets de chasse ; au revers du couvercle, jeune femme nue assise sur une draperie rouge. Monture à charnière en or ciselé.

Grand diamètre, 97 millim.
Petit diamètre, 50 millim.

102 — Boite avec son couvercle en forme de tabouret, en ancienne porcelaine tendre de Sèvres, décorée de fleurs et rubans en couleurs et en camaïeu rose. Monture en argent doré.

Haut., 45 millim.; long., 58 millim.; larg., 48 millim.

103 — Boite oblongue en porcelaine tendre, montée à charnière en argent doré : fleurs dans des réserves sur fond bleu-turquoise.

Long., 82 millim.; larg., 47 millim.

104 — Boite de forme haute et ronde en ancienne faïence de Marseille, à décor de sujets galants et guirlandes de fleurs; couvercle en verre émaillé orné de deux personnages et monté à charnière en argent.

Diamètre, 57 millim.

BOITES

ORNÉES DE PEINTURES SUR ÉMAIL ET DE MINIATURES

105 — Boite ronde en écaille brune galonnée d'or à jour. Sur le couvercle, médaillon ovale peint sur émail du xviie siècle, dans un cadre à réverbère : Portrait d'homme, en buste, de face, portant la perruque et l'armure.

Grand diamètre de l'émail, 24 millim.
Petit diamètre., 21 millim.

106 — Boite ronde en écaille brune doublée d'or : sur le couvercle, médaillon ovale peint sur émail du commencement du XVIIIe siècle : Portrait présumé du duc d'Ayen, en buste, de face, portant la perruque et vêtu d'un habit bleu.

Grand diamètre de l'émail, 49 millim.
Petit diamètre, 40 millim.

107 — Boite ronde décorée au vernis Martin de raies parallèles multicolores sur fond jaune d'or : elle est galonnée d'or. Sur le couvercle, médaillon ovale peint sur émail de la première moitié du XVIIIe siècle : Portrait présumé de Charles XII, roi de Suède en buste, presque de face, portant un habit bleu.

Grand diamètre de l'émail, 36 millim.
Petit diamètre, 31 millim.

108 — Boite ovale en écaille brune galonnée d'or et montée à charnière : sur le couvercle, miniature ovale du temps de Louis XV : Portrait de jeune femme à mi-corps, de face, appuyée à un tertre, richement vêtue d'un corsage décolleté et tenant des fleurs dans son tablier relevé et dans une corbeille placée sous son bras droit ; fond de verdure.

Grand diamètre, 80 millim.
Petit diamètre, 60 millim.

(Collection du baron d'Irry.)

109 — Boite rectangulaire en or de couleur gravé et ciselé à décor de trophées sur fond rayonnant avec encadrements de rocailles ; le couvercle à charnière est orné d'un émail : scène villageoise : une paysanne, assise dans une chambre de chaumière, retient son enfant qui tend les bras à un joueur de cornemuse. Poinçons d'Éloi Brichard, sous-fermier des droits de marque, année 1756-57. Époque Louis XV.

Long., 68 millim. ; larg., 50 millim.

110 — Boite ovale décorée au vernis Martin de raies multicolores parallèles et montée à charnière en or et argent doré et ga-

lonnée d'or : sur le couvercle, miniature ovale : Portrait de Louis XV, en buste, de face, portant la cuirasse et le manteau fleurdelysé. Époque Louis XV.

Grand diamètre, 70 millim.
Petit diamètre, 55 millim.

111 — Boite ovale galonnée d'or ciselé et montée à charnière, décorée sur toutes ses faces de rayures de burgau et d'or alternées ; sur le couvercle : petite miniature ovale à sujet galant. Fin de l'époque Louis XV.

Grand diamètre, 60 millim.
Petit diamètre, 40 millim.

112 — Boite oblongue à pans coupés, formée de plaques d'ambre montées à cage et à charnière en or de couleur ciselé : sur le couvercle, médaillon ovale peint sur émail : la Leçon de musique. Poinçons de J. Alaterre, adjudicataire général des droits de marque. Année 1772-73. Fin de l'époque Louis XV.

Long., 65 millim.; larg., 47 millim.

113 — Boite ronde en écaille brune galonnée d'or : sur le couvercle et le dessous, deux dessins : chasseurs au faucon, marine. XVIIIe siècle.

Diam., 74 millim.

114 — Boite ronde en ivoire cerclée d'or; sur le couvercle, miniature : Portrait présumé de Joseph II, empereur d'Allemagne, à mi-corps, de face, en habit vert, la couronne impériale auprès de lui ; fond de paysage. Seconde moitié du XVIIIe siècle.

Diam., 64 millim.

115 — Boite ronde à décor quadrillé au vernis Martin, galonnée de cuivre doré : sur le couvercle, miniature ovale Louis XVI : Portrait de jeune femme, en buste, de face, des roses dans les cheveux, en corsage violet décolleté.

Diam., 80 millim.

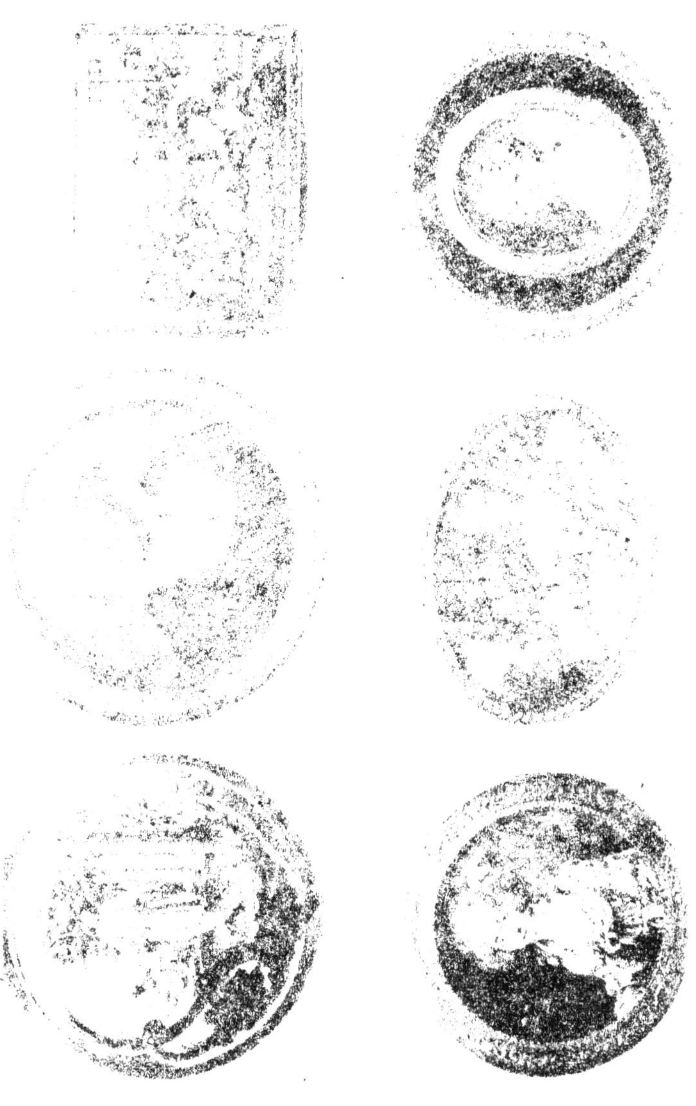

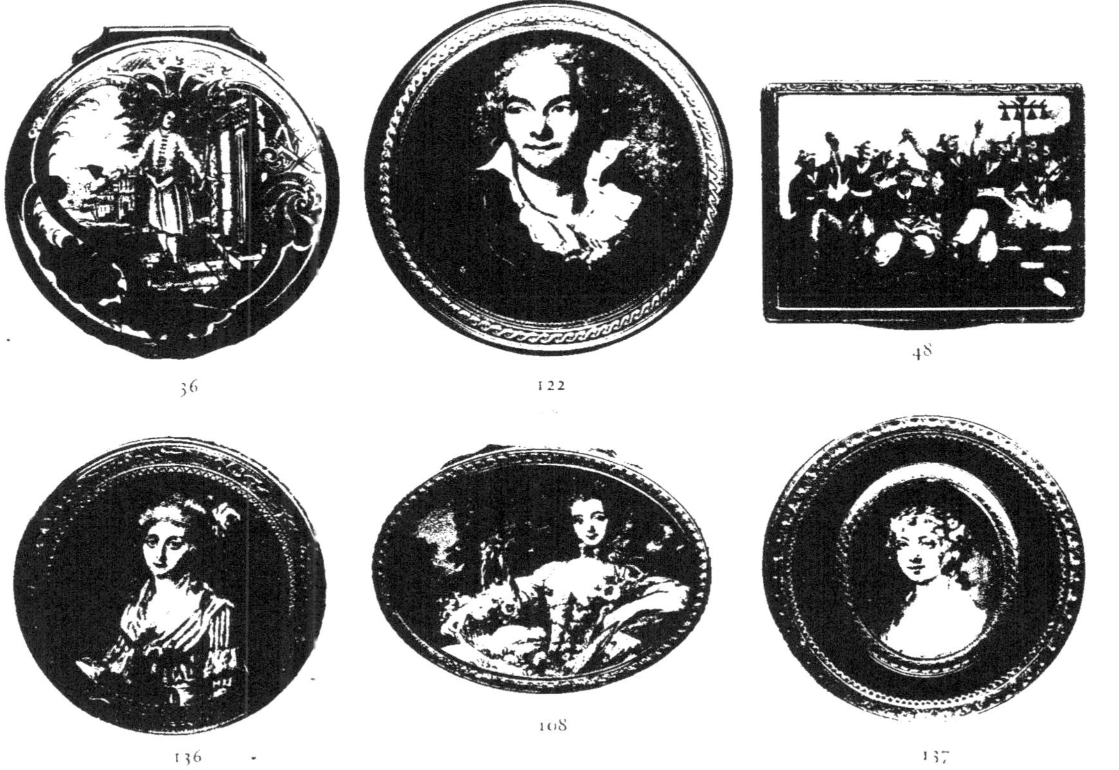

36 — 122 — 48

136 — 108 — 137

116 — Petite boite ronde en or ciselé, à bordures étroites émaillées bleu, ornée sur le couvercle d'une miniature : Vue du golfe de Naples, par *de Lioux de Savignac*. Époque Louis XVI.

Diam., 50 millim.

117 — Boite ronde en écaille brune, montée et galonnée d'or ; sur le couvercle, miniature par *de Lioux de Savignac*, représentant une fête dans un parc, composition de nombreux personnages, les uns attablés, les autres assistant à une comédie.

Diamètre de la miniature, 67 millim.

118 — Boite ronde en écaille brune, galonnée d'or de couleur, décorée sur le couvercle d'un médaillon ovale, peint sur émail, à sujet allégorique à l'Amour. Poinçons de J.-B. Fouache, régisseur des droits de marque, année 1778-79. Époque Louis XVI.

Diam., 63 millim.

119 — Boite ronde en vernis Martin, à fond jaune d'or et galonnée d'or; sur le couvercle, miniature représentant une revue dans le parc de Versailles. Époque Louis XVI.

Diam., 77 millim.

120 — Boite a mouches rectangulaire, en ivoire galonné d'or ciselé; compartiment, petit blaireau et miroir à l'intérieur; sur le couvercle, grisaille de forme ovale, à sujet allégorique. Poinçon de J.-B. Fouache, régisseur des droits de marque, année 1779-80. Époque Louis XVI.

Long., 54 millim.; larg., 40 millim.

121 — Boite ronde décorée en rouge au vernis Martin; sur le couvercle, fixé représentant une scène du Mesmérisme. Époque Louis XVI.

Diam., 63 millim.

122 — Boite ronde en écaille brune, doublée et galonnée d'or; sur le couvercle, miniature ronde : Portrait présumé de Dumont, par lui-même, signée à gauche et datée de l'an III; il est représenté en buste, de face, vêtu d'une draperie rouge entr'ouverte sur la gorge. Fin du XVIIIe siècle.

Diamètre de la miniature, 72 millim.

123 — Boite oblongue, à pans coupés, formée de plaques de lapis, montées à cage et à charnière en or ciselé; le couvercle et le dessous sont ornés chacun d'un fixé à sujet champêtre; intérieur doublé d'or; gorge signée : *Vachette à Paris*. Fin du XVIIIe siècle.

Long., 70 millim.; larg., 58 millim.

124 — Boite ronde en écaille brune, galonnée d'or de couleur, ornée sur le couvercle d'une miniature ovale : Portrait présumé de Louis XVII, en buste, presque de face, vêtu de brun. Fin du XVIIIe siècle.

Diam., 70 millim.

125 — Boite ronde en écaille blonde, galonnée d'or; sur le couvercle, miniature en grisaille : petits bacchants jouant avec un satyre; sur le dessous, miniature simulant un camée : char de style antique, avec le nom : H. V. de Montesquiou. Fin du XVIIIe siècle.

Diam., 70 millim.

126 — Boite ronde en écaille brune, galonnée d'or; sur le couvercle, miniature en grisaille : sujet allégorique à trois personnages, fond d'architecture. Fin du XVIIIe siècle.

Diam., 74 millim.

127 — Boite ronde en purpurine, galonnée d'argent doré; sur le couvercle, médaillon ovale peint sur émail en grisaille : buste d'homme de style antique. Fin du XVIIIe siècle.

Diam., 62 millim.

128 — Boite ronde en écaille brune, présentant sur le couvercle une miniature ovale : Portrait présumé du pape Pie VII, en buste, de profil, vêtu de rouge ; encadrement à filet d'émail bleu. Commencement du XIXe siècle.

Diam., 81 millim.

129 — Boite ronde en écaille brune, galonnée d'or; le couvercle est orné d'une miniature ovale, par *Sicardi* : Portrait de Louis XVIII, en buste, de face, le cordon de l'ordre du Saint-Esprit, en sautoir, sur fond formé d'une draperie verte ; à droite, la signature *Sicardi* et la date *1815*.

Grand diamètre de la miniature, 58 millim.
Petit diamètre de la miniature, 48 millim.

130 — Boite rectangulaire en écaille brune ciselée et montée à charnière en argent doré ; le couvercle présente un cortège royal autour d'une cathédrale. Première moitié du XIXe siècle.

Long., 85 millim.; larg., 63 millim.

131 — Boite ronde, décorée au vernis Martin, de raies multicolores, galonnée d'or et ornée sur toutes ses faces de fixés. Celui du couvercle représente le théâtre de Bourgogne à Versailles, et celui du dessous, la lanterne magique avec vues mobiles ; le pourtour offre quatre petits médaillons à paysages et personnages. Intérieur doublé d'écaille. Seconde moitié du XVIIIe siècle.

Diam., 78 millim.

132 — Boite ovale en écaille brune galonnée d'or, présentant sur le couvercle une miniature-portrait de femme à mi-corps en costume Louis XVI, tenant un médaillon et sur fond de verdure.

Grand diamètre, 90 millim.
Petit diamètre, 75 millim.

BOITES ORNÉES DE MINIATURES

PAR VAN BLARENBERGHE

133 — Petite boite ovale en or guilloché et émaillé rouge, avec cordons émaillés bleu et entre-deux ciselés à fleurs. Le dessus de la boîte est décoré d'une miniature ovale par *Van Blarenberghe*, qui mesure 17 millim. de large et 13 millim. de haut. Cette miniature représente le transport, en présence de Catherine II, du rocher qui sert de base aujourd'hui à la statue de Pierre-le-Grand, sur le pont Isaac, à Saint-Pétersbourg. Époque Louis XVI. Malgré les proportions excessivement exiguës, il est possible de se rendre compte du travail qui s'accomplit. Chaque groupe qui compose ce tableau a sa physionomie propre et l'ensemble est traité de la façon la plus remarquable. L'encadrement de ce médaillon comprend deux figurines d'amours en or ciselé, reposant sur des ornements et des festons de fleurs et supportant une couronne impériale, exécutée, ainsi que quelques ornements du couvercle, en petites roses de Hollande.

Cette boîte est accompagnée de son étui en galuchat, portant en argent les armes impériales de Russie.

Grand diamètre de la boîte, 58 millim.
Petit diamètre, 45 millim.

(*Vente Double, 1881.*)

Dans la notice qui précède le catalogue de la vente Double (mai et juin 1881), le bibliophile P.-L. Jacob s'exprime ainsi, au sujet de cette boîte :

« Une autre fois, c'est encore de Russie que revient en France la tabatière de l'impératrice Catherine, tabatière d'or, avec des peintures microscopiques de Blarenberghe, représentant l'érection de la statue de Pierre-le-Grand, sur une des places de Saint-Pétersbourg. La tabatière de Catherine II ne devait plus retourner en Russie, au moins du vivant

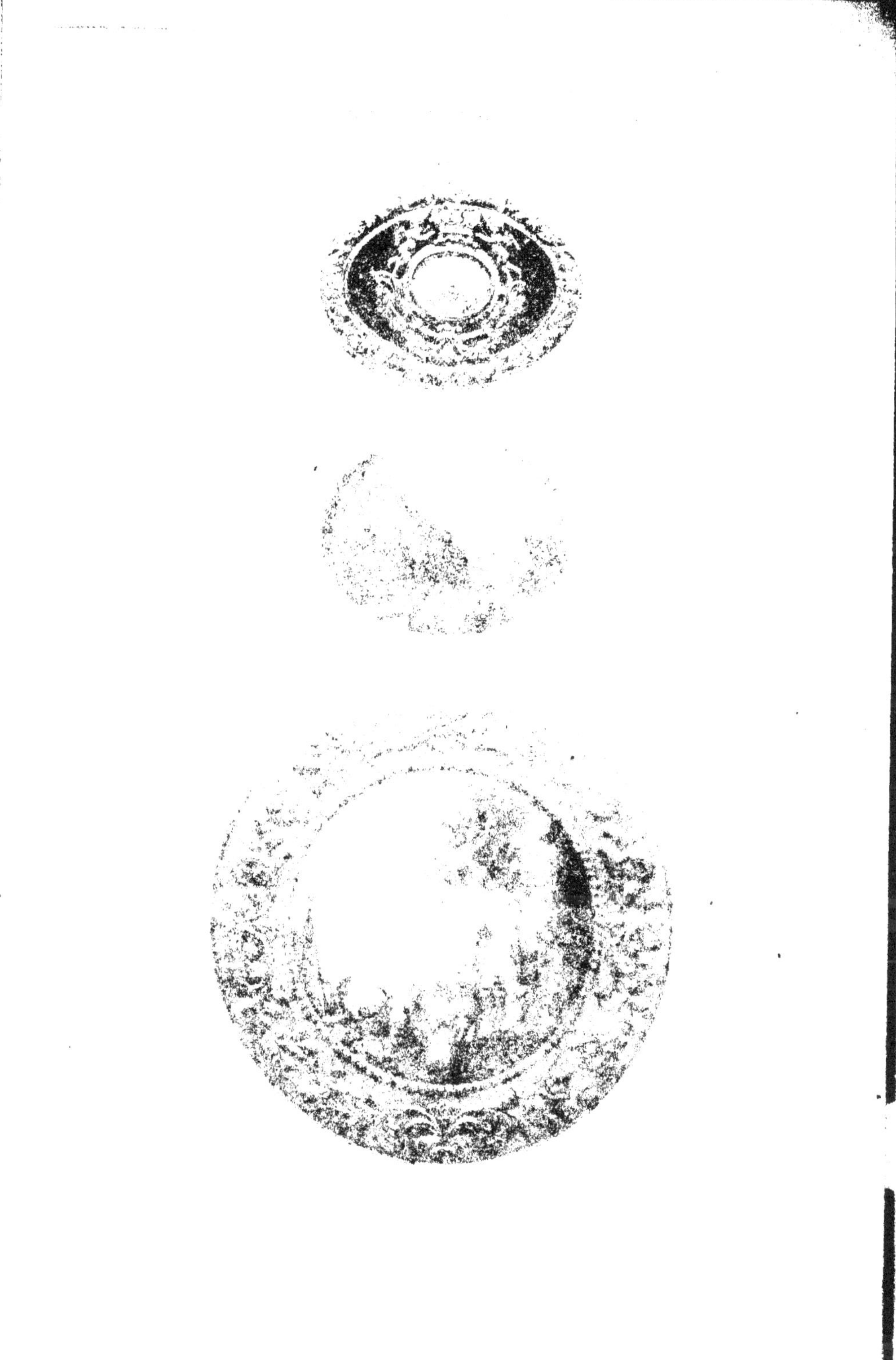

133

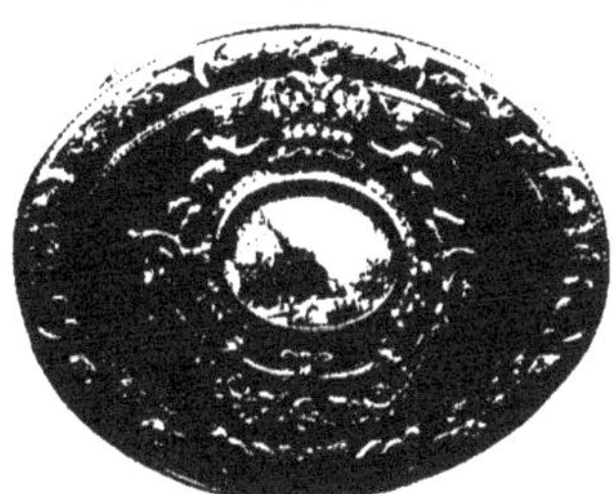

133

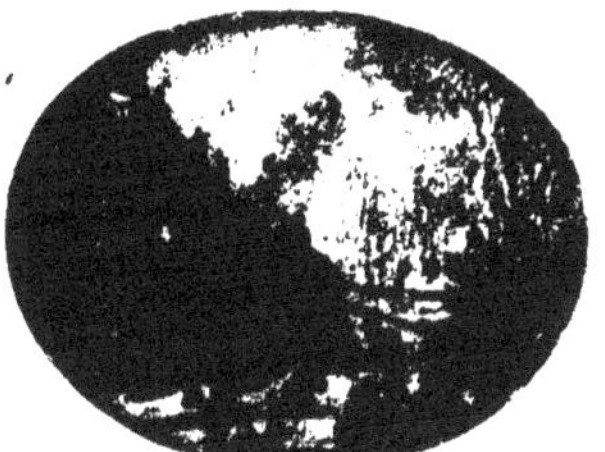

Agrandissement du Médaillon de la Boîte n° 133

134

Phototypie Berthaud, Paris

de Léopold Double, qui, plus tard, répondit à la grande-duchesse Marie, qu'il voyait décidée à reconquérir à tout prix ce joyau impérial : « Votre Altesse ne voudra pas, en me forçant à lui céder un bijou qui est partie intégrante de ma collection, me faire manquer à un serment solennel, que je me suis fait à moi-même, de ne jamais rien distraire de cette collection. » Puis, il ajouta, avec cette politesse gracieuse qui lui venait toujours en aide : « Je fais des vœux cependant pour que votre Altesse puisse me survivre et reprendre alors cette boite qu'elle désire, quand je ne serai plus là pour la défendre à regret. »

La reproduction de cette boite est accompagnée d'un agrandissement de la miniature du couvercle.

134 — Grande boite ronde en or de couleur ciselé à décor de feuilles et fleurs sur champ amati, de la fin du XVIIIe siècle, signée *Keibel*. Elle est ornée, sur le couvercle, d'une miniature ronde, par *Van Blarenberghe*, signée à droite, en bas, et représentant la Cueillette des fruits.

Cette composition de quinze personnages, très finement peints, se détache sur un fond de paysage avec collines à l'arrière-plan : tandis que, grimpée sur une échelle, une paysanne reçoit, dans son tablier, les fruits qu'y lance un homme juché au sommet d'un arbre, une femme arrose d'un seau d'eau, à la grande joie des assistants, deux personnages en train de se colleter.

Diamètre de la boite, 102 millim.
Diamètre de la miniature, 68 millim.

135 — Boite ronde en écaille brune, doublée d'or, présentant, sur le couvercle, une miniature ronde par *Van Blarenberghe*, signée *V. B.* : Vue d'un château, précédé d'un parterre, animé de groupes de personnages.

Diamètre de la miniature, 70 millim.

BOITES ORNÉES DE MINIATURES

PAR HALL

136 — Boite ronde en or de couleur guilloché et ciselé à pois, couronne de feuillages et rosace, présentant sur le couvercle une miniature par *Hall*, signée à droite : Portrait de jeune femme, à mi-corps, de face, un ruban bleu et des fleurs dans les cheveux, vêtue d'un corsage rayé bleu et blanc, fond de verdure. Époque Louis XVI.

Diamètre de la miniature, 57 millim.

137 — Boite ronde en écaille brune, galonnée d'or ciselé : sur le couvercle, miniature ovale par *Hall :* Portrait d'une dame de sa famille, en buste, de face, un ruban rose et des fleurs dans les cheveux, une écharpe blanche sur les épaules, la gorge nue.

Grand diamètre de la miniature, 43 millim.
Petit diamètre, 36 millim.
Diamètre de la boite, 76 millim.

BOITES

ORNÉES DE PEINTURES SUR ÉMAIL

PAR PETITOT

138 — Boite rectangulaire en or de couleur ciselé, à décor de tores de laurier, guirlandes de fleurs, rosaces, vases, pilastres et groupe allégorique. Fin du règne de Louis XV. Le couvercle est orné d'un médaillon rond, peint sur émail, par *Petitot :* Portrait présumé du duc d'Anjou, en buste, presque de face, portant la perruque et vêtu de gris et de rouge, avec le cordon du Saint-Esprit en écharpe.

Diamètre de l'émail, 33 millim.
Longueur de la boite, 80 millim.
Larg., 60 millim.

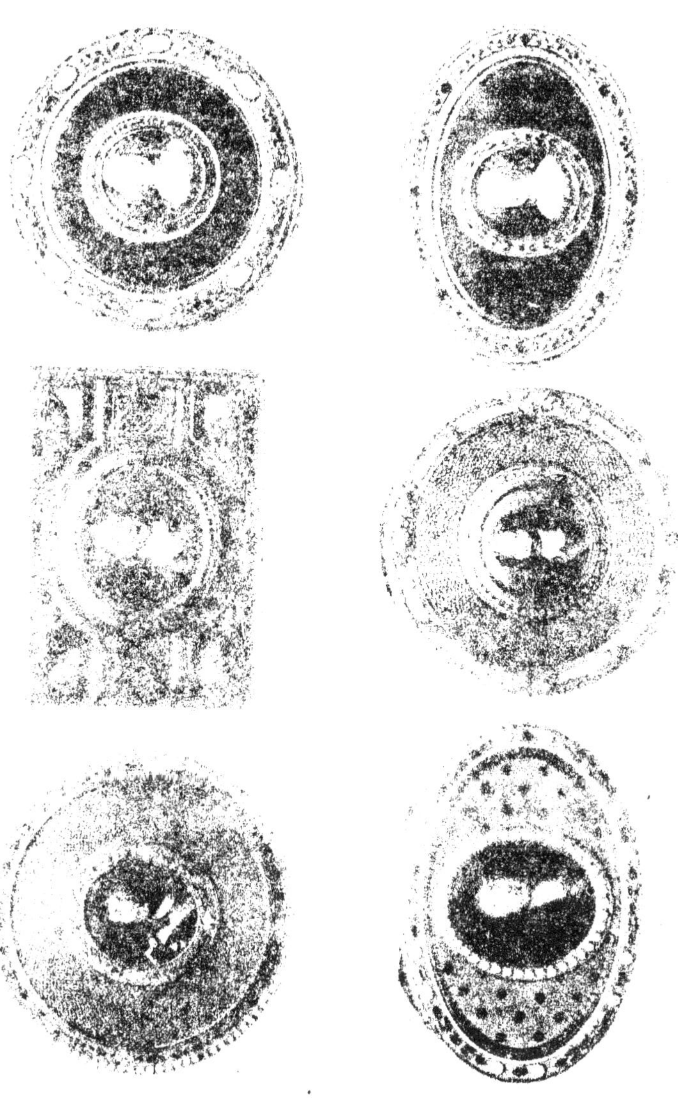

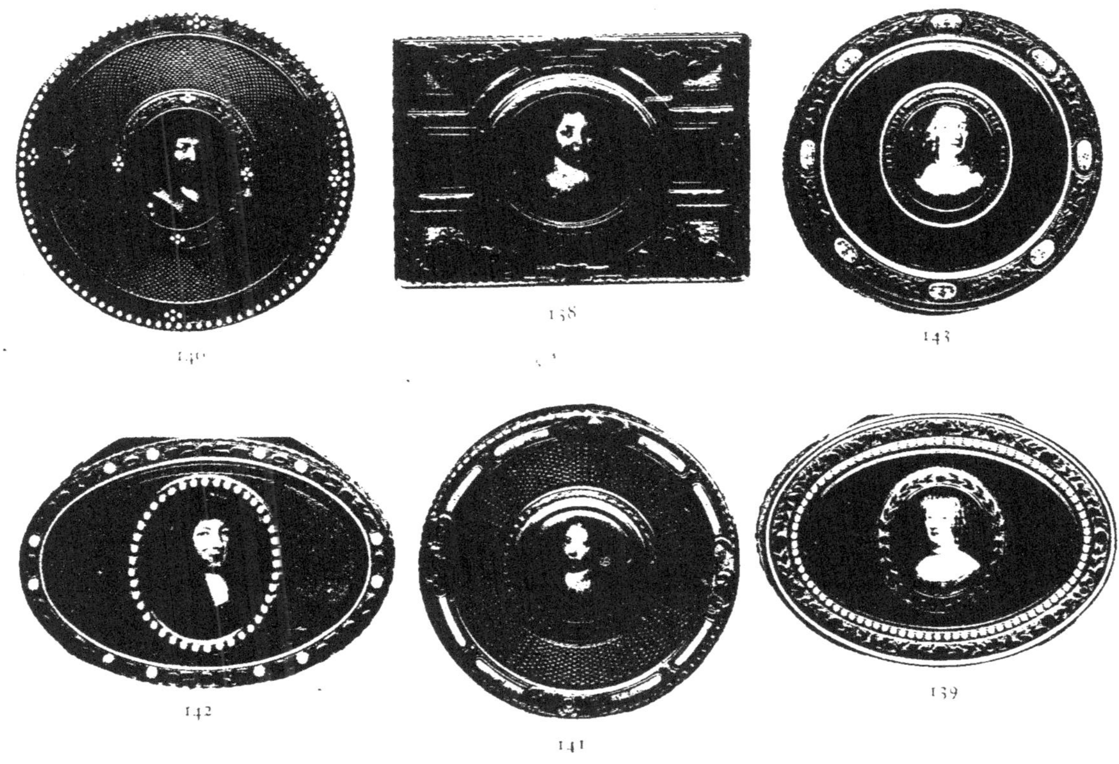

140 — 138 — 143

142 — 141 — 139

139 — Boite ovale en or guilloché et émaillé rouge-rubis, avec bordures et montants enrichis de feuillages, de pierres et perles simulées en émaux de couleur, sur fond réservé d'or amati, avec filets blancs. Poinçons de J.-B. Fouache, régisseur des droits de marque, année 1778-79. Époque Louis XVI. Le couvercle est orné d'un médaillon ovale, peint sur émail, par *Petitot* : Portrait présumé de la reine Marie-Thérèse, femme de Louis XIV, en buste, presque de face, un collier de perles au cou, en corsage décolleté.

Long., 80 millim ; larg., 60 millim.

140 — Boite ronde en or guilloché et émaillé bleu-clair, avec bordures de feuillages et demi-perles simulées en émaux de couleur, sur fond d'or amati ; le dessous est orné d'une réserve à paysage en camaïeu rose. Seconde moitié du XVIIIe siècle. Le couvercle présente un médaillon ovale, peint sur émail, par *Petitot*: Portrait de Louis XIV, en buste, de face, portant la perruque, revêtu de l'armure, le cordon de l'ordre du Saint-Esprit en sautoir.

Grand diamètre de l'émail, 28 millim.
Petit diamètre de l'émail, 24 millim.
Diamètre de la boite, 75 millim.

141 — Boite ronde en or de couleur guilloché et ciselé, à bordures étroites émaillées bleu et interrompues par des fleurettes réservées en or ; au pourtour, quatre médaillons-bustes en or, sur fond bleu également. Poinçons de Julien Alaterre, adjudicataire général des droits de marque, 1768 à 1774. Le couvercle présente un médaillon rond, peint sur émail, par *Petitot* : Portrait présumé du duc de Bourgogne, de face, en buste, le cordon de l'ordre du Saint-Esprit en sautoir.

Diam., 72 millim.

142 — Boite ovale en or guilloché à pois et émaillé gros-bleu ; montants à pilastres et bordures décorées de demi-perles simulées, et feuillages exécutés en émail sur fond d'or amati. Fin

du règne de Louis XV. Le couvercle, à charnière, présente un médaillon ovale, peint sur émail, par *Petitot* : Portrait présumé de Gaston d'Orléans, en buste, presque de face, portant la perruque et l'armure.

Grand diamètre, 84 millim.
Petit diamètre, 58 millim.

143 — Boite ronde en or guilloché et émaillé orangé, avec bordures de feuillages et petites plaques d'agate herborisée simulée, exécutées en émail sur fond réservé en or amati. Fin du règne de Louis XV. Le couvercle est orné d'un médaillon ovale, peint sur émail, par *Petitot* : Portrait présumé de Mlle de la Vallière, en buste, de face, en corsage décolleté, un collier de perles au cou.

Diam., 7 cent.

ETUIS, OBJETS VARIÉS

144 — Étui cylindrique, décoré au vernis Martin, sur fond or, d'oiseaux variés ; garnitures d'or. Époque Louis XV.

Long., 141 millim.

(*Collection Martin Coster.*)

145 — Étui en ancienne porcelaine de Furstenberg, en forme d'enfant au maillot.

Long., 115 millim.

146 — Étui cylindrique en ancienne porcelaine de Saxe, décor en camaïeu vert : personnages et verdure.

Long., 116 millim.

147 — Étui porte-tablettes en ivoire galonné d'or, présentant, en applications d'or, les mots : *Souvenir d'amitié,* et deux médaillons, dont l'un offre une miniature ovale, par *Sicardi*, 1780 : Portrait de Louis XVI, en buste, de face, vêtu d'un habit bleu. Époque Louis XVI.

Long., 85 millim.; larg., 50 millim.

(*Vente Borelli.*)

148 — Étui porte-tablettes en ivoire, monté or et argent, portant les mots : *Souvenir d'amitié,* en lettres d'or, et orné de deux miniatures : Vues d'Italie. Époque Louis XVI.

Long., 87 millim.; larg., 49 millim.

149 — Étui cylindrique, décoré au vernis Martin de mouches semées sur fond simulant l'or guilloché. Milieu du XVIIIe siècle.

Long., 131 millim.

150 — Étui cylindrique, décoré au vernis Martin : Amours sur fond bronzé. XVIIIe siècle.

Long., 165 millim.

151 — Étui cylindrique, décoré au vernis Martin de raies parallèles bleues et blanches alternant avec des lamelles d'or. Il est galonné d'or. XVIIIe siècle.

Long., 145 millim.

152 — Petit étui cylindrique, décoré au vernis Martin : Sujets champêtres. XVIIIe siècle.

Long., 103 millim.

153 — Petit portefeuille en cuir; garniture de cuivre doré, repoussé à motifs rocaille avec serrure à secret. XVIIIe siècle.

Long., 120 millim.; larg., 95 millim.

154 — Étui cylindrique, décoré au vernis Martin : Paysans, fond brun. XVIIIe siècle.

Long., 14 cent.

155 — Étui cylindrique-porte-flacon, décoré en rouge au vernis Martin, avec bandes ornées. XVIIIe siècle.

Long., 95 millim.

156 — Étui-nécessaire cylindrique en argent, à décor de motifs rocaille en léger relief; il contient divers ustensiles et est disposé intérieurement de manière à former lorgnette. Époque Louis XV.

Long., 107 millim.

157 — Étui en cuivre émaillé, orné de deux cœurs avec les mots : *Saignent pour vous.* xviiie siècle.

Long., 12 cent.

158 — Flacon en cristal : bouchon et garniture d'or. Seconde moitié du xviiie siècle.

Long., 95 millim.; larg., 50 millim.

www.ingramcontent.com/pod-product-compliance
Ingram Content Group UK Ltd.
Pitfield, Milton Keynes, MK11 3LW, UK
UKHW022125170726
13837UKWH00003B/1358

9 782329 513584